AARGLL!

Derache & Coicault

Stéphane Plazà

Profession : agent immobilier

Suivez-moi c'est par là !

M6 ÉDITIONS Jungle

Scénario : Derache
Dessin : Coicault
Couleurs : Degreff
Couleurs de la couverture : Hugo Poupelin

ISBN : 978-2-822-22134-4

Jungle est une maison d'édition du groupe Steinkis

Première édition - octobre 2017
Imprimé en France par Pollina, Luçon - 26037. Dépôt légal : Octobre 2017

Derache & Coicault

Stéphane Plaza

Profession : agent immobilier

Suivez-moi c'est par là !

Éditions Jungle

Merci Christophe, marchand de (très) bien du 9ème art
À Steph et Yanis, avec vous deux je veux un long long bail !!

Derache

Les auteurs remercient Curd et Geoffroy
pour leur aide précieuse.

T'AIMES BIEN CE RESTAU, STÉPHANE ?
BOF ! BELLES PRESTATIONS, MAIS LA CARTE EST À RAFRAÎCHIR...
HUMMM... C'EST DE LA BONNE CUISINE TRADITIONNELLE, JE TROUVE...
AAAAH ! LE CHARME DE L'ANCIEN...
C'EST FONCTIONNEL OUI, MAIS J'AI PAS LE COUP DE CŒUR !
IDÉAL 1ER ACHAT ?
FRANCHEMENT, TU T'ENTENDS, STÉPHANE ?
QUOI ?
WC
T'ES PLUS UN HOMME, T'ES QU'UN AGENT IMMOBILIER.
JE VAIS ABORDER CETTE FEMME, TU VAS VOIR SI J'SUIS PAS UN HOMME !
VAS-Y PLAZANOVA !
BLABLABLA, BLABLABLA...
CLAC
J'AI CRAQUÉ ! JE LUI AI DIT QUE VU LES TRAVAUX À PRÉVOIR SUR SA FAÇADE, C'EST NORMAL QU'ELLE RESTE SANS VIS-À-VIS !!

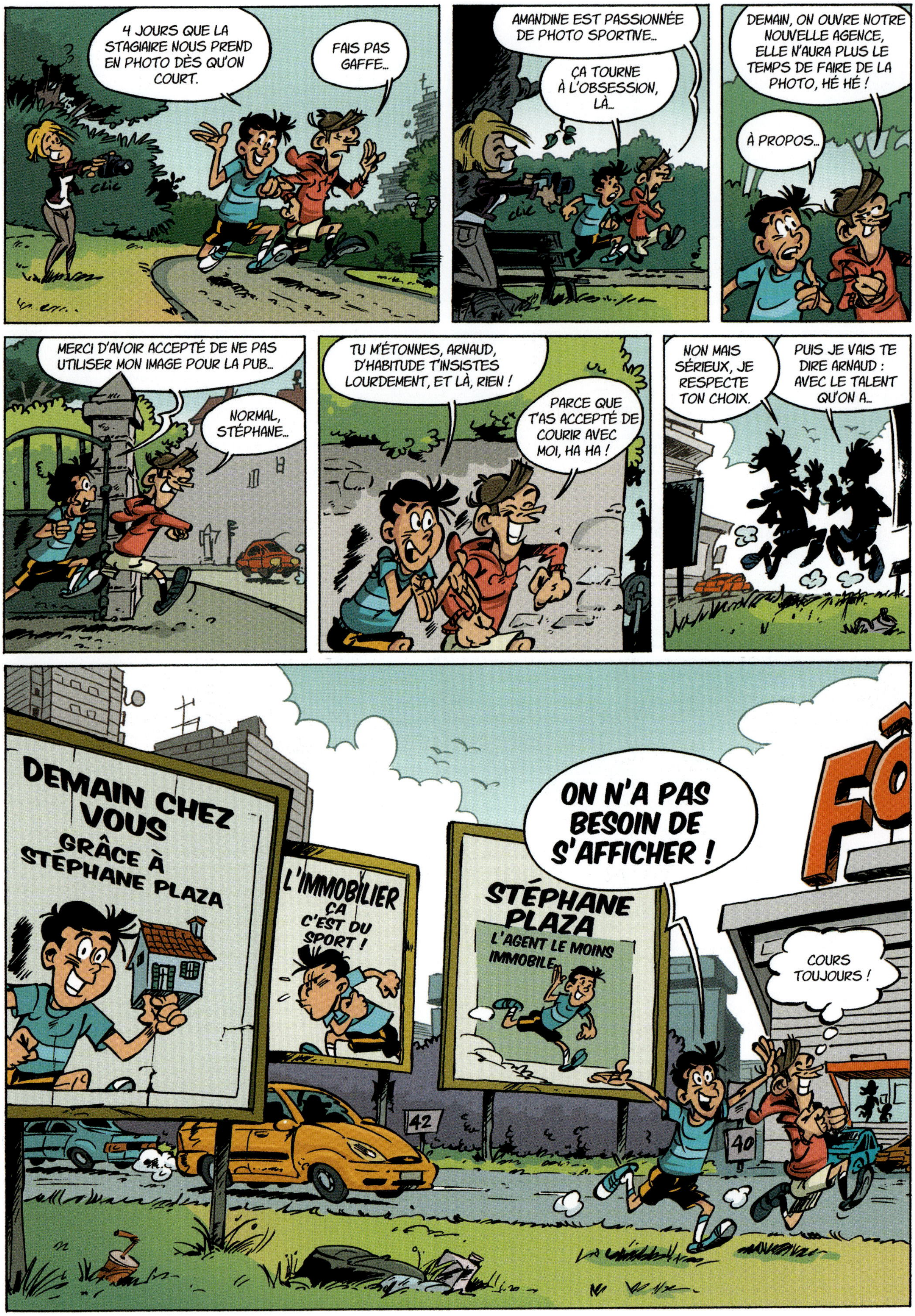
4 JOURS QUE LA STAGIAIRE NOUS PREND EN PHOTO DÈS QU'ON COURT.
FAIS PAS GAFFE...
CLIC
AMANDINE EST PASSIONNÉE DE PHOTO SPORTIVE...
ÇA TOURNE À L'OBSESSION, LÀ...
CLIC
DEMAIN, ON OUVRE NOTRE NOUVELLE AGENCE, ELLE N'AURA PLUS LE TEMPS DE FAIRE DE LA PHOTO, HÉ HÉ !
À PROPOS...
MERCI D'AVOIR ACCEPTÉ DE NE PAS UTILISER MON IMAGE POUR LA PUB...
NORMAL, STÉPHANE...
TU M'ÉTONNES, ARNAUD, D'HABITUDE T'INSISTES LOURDEMENT, ET LÀ, RIEN !
PARCE QUE T'AS ACCEPTÉ DE COURIR AVEC MOI, HA HA !
NON MAIS SÉRIEUX, JE RESPECTE TON CHOIX.
PUIS JE VAIS TE DIRE ARNAUD : AVEC LE TALENT QU'ON A...
DEMAIN CHEZ VOUS GRÂCE À STÉPHANE PLAZA
L'IMMOBILIER ÇA C'EST DU SPORT !
STÉPHANE PLAZA L'AGENT LE MOINS IMMOBILE
ON N'A PAS BESOIN DE S'AFFICHER !
COURS TOUJOURS !
42
40

SELON UN SONDAGE, LES AGENTS IMMOBILIERS SONT LA PROFESSION QUI COMPTE LE PLUS D'ARNAQUEURS...
PLUS QUE LES ARCHÉOLOGUES ?
POURTANT, EUX, ILS S'EN METTENT PLEIN LES FOUILLES !
HAHAHA !
RIGOLE PAS, ARNAUD...
L'IMMO
ON EST LÀ POUR VENDRE CERTES.
MAIS VENDRE DES BIENS, T'ENTENDS ?
BAH OUI...
ON DIT DES BIENS, PARCE QU'ON FAIT DU BIEN !
AH BON ?
L'IMMO
NOUS SOMMES DES BIENFAITEURS IMMOBILIERS !!
C'EST BEAU, STÉPHANE...
SNIF
C'EST À NOUS DE REDORER L'IMAGE INJUSTEMENT TERNIE DE NOTRE BEAU MÉTIER !
EUH... FAUT QUE JE TE FASSE UN AVEU...
LE COUPLE QUE VOILÀ S'APPRÊTE À SIGNER 300 000 EUROS POUR UNE RUINE QUE JE LEUR AI FAIT PASSER POUR UN CHÂTEAU DANS SON JUS !
OUPS, VA FALLOIR IMPROVISER...
N'ACHETEZ PAS !
FUYEZ VITE !!
LEUR ATTITUDE PROUVE BIEN QU'ON DOIT SIGNER !
SÛR !

T'ES DANS LES PRIX DU MARCHÉ ET T'ARRIVES PAS À VENDRE ?!?
PAS UNE VISITE EN SIX MOIS ! C'EST DÉSARMANT !
FAUT QUE TU ME MONTRES ÇA ! TU SAIS, UNE VENTE SE JOUE DANS LES TRENTE PREMIÈRES SECONDES... FAUT DONNER ENVIE !
TOUT EST FAIT POUR QU'ON SE SENTE EN SÉCURITÉ CHEZ MOI !..
EN PLUS, IL N'Y A PAS DE TRAVAUX À PRÉVOIR... ET TOUT LE MONDE DIT QUE LA DÉCO EST DE BON GOÛT..!
C'EST QUI TOUT LE MONDE ?
BEN, CEUX QUI VOIENT LES PHOTOS SUR INTERNET ET QUI APPELLENT POUR VISITER !
ILS APPELLENT ET ILS VIENNENT PAS ?!?
50
OUAIS, DOIT Y AVOIR UN PROBLÈME MAIS J'VOIS PAS OÙ... TIENS, ON Y EST !
NE TIREZ PAS ! J'AVOUE, JE SAIS OÙ EST LE PROBLEME !
DÉJÀ ?!? T'ES TROP FORT, STÉPHANE !..
DANGER

J'AI COMPRIS POURQUOI MA MAISON NE SE VEND PAS !
FAUT L'HOME STAGER MON MAX !
IL FAUT DÉPERSONNALISER TON BIEN POUR PLAIRE AU PLUS GRAND NOMBRE.
OUBLIE ÇA !
J'AI TROUVÉ PLUS EFFICACE ET MOINS COUTEUX QUE LES 4% DU PRIX DE VENTE D'UN HOME STAGING.
4% MAXI !
J'AI DEMANDÉ À 2 PERSONNES DE FAIRE LES VISITES À MA PLACE… ÇA VA TOUT CHANGER !
JE NE COMPRENDS PAS…
FAUT DONNER ENVIE ET J'AI TROUVÉ **LA** FORMULE…
A VENDRE
SAMANTHA FERA VISITER LES HOMMES ET ROBERTO LES FEMMES !
AH LÀ, C'EST SÛR, TU VAS CRÉER LE COUP DE COEUR !

JE VOULAIS VOUS PARLER DE CE GRAND DRESSING DE 6M2 MAIS QUELQUE CHOSE ME DIT QUE VOUS VOUS EN FICHEZ, NON ?

CROIS-MOI FLAVIO, APRÈS LES TRAVAUX DE CE MATIN, IL ÉTAIT VITAL POUR TON ÉQUIPE DE TOURNAGE QUE JE ME LAVE...
IL Y A UNE DOUCHE ICI À L'ÉTAGE, J'EN AI PROFITÉ...
TU VAS PAS EN FAIRE UN DRAME QUAND MÊME ?
CALME-TOI TITOUNE... JE M'HABILLE ET JE DESCENDS, OK ?
BAH OUI, JE SAIS QU'ON A ENCORE TOUTE LA PLOMBERIE DU HAUT À FAIRE ET ALORS ?
SDB
M'ENFIN, COMMENT MA DOUCHE AURAIT PU METTRE TA JOURNÉE DE TOURNAGE À L'EAU ?
T'ES OÙ LÀ ?
OÙ JE SUIS ?? DANS LA NOUVELLE PISCINE !!
THE TITANIC
COUPEZ

9H 12
OUI M'SIEUR PLAZA, JE VEUX UN GRAND LOFT, PAS TROP CHER, MODERNE, AVEC DU CACHET… VOYEZ ?
10 H 31
MON APPARTEMENT DEVRA ÊTRE LUMINEUX, STÉPHANE. C'EST LA CONDITION SINE QUA NON !
13H 26
LE BUDGET ? C'EST PAS UN PROBLÈME ! QUAND ON AIME, ON NE COMPTE PAS !
15H 17
C'EST MON PREMIER ACHAT. JE NE VEUX VRAIMENT PAS ME TROMPER !
18H 38
AMANDINE, TU PEUX M'EXPLIQUER CE QUE TU FAIS DEPUIS CE MATIN ?
JE CONSTATE QUE TU AS GRAVE RAISON.
LES ACHETEURS ONT TOUS DES PROFILS DIFFÉRENTS !

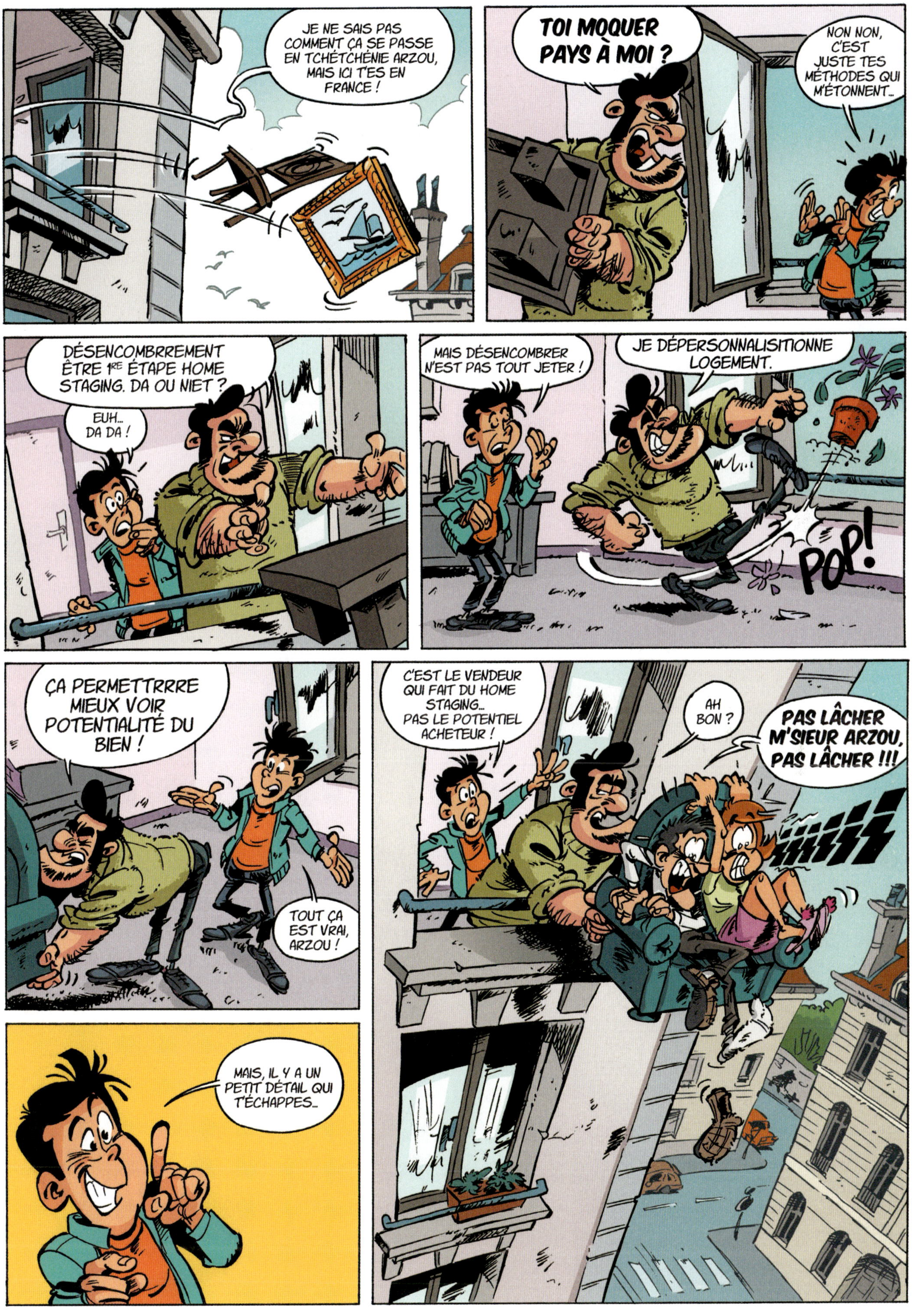
JE NE SAIS PAS COMMENT ÇA SE PASSE EN TCHÉTCHÉNIE ARZOU, MAIS ICI T'ES EN FRANCE !
TOI MOQUER PAYS À MOI ?
NON NON, C'EST JUSTE TES MÉTHODES QUI M'ÉTONNENT...
DÉSENCOMBRREMENT ÊTRE 1RE ÉTAPE HOME STAGING. DA OU NIET ?
EUH... DA DA !
MAIS DÉSENCOMBRER N'EST PAS TOUT JETER !
JE DÉPERSONNALISITIONNE LOGEMENT.
POP!
ÇA PERMETTRRRE MIEUX VOIR POTENTIALITÉ DU BIEN !
TOUT ÇA EST VRAI, ARZOU !
C'EST LE VENDEUR QUI FAIT DU HOME STAGING... PAS LE POTENTIEL ACHETEUR !
AH BON ?
PAS LÂCHER M'SIEUR ARZOU, PAS LÂCHER !!!
MAIS, IL Y A UN PETIT DÉTAIL QUI T'ÉCHAPPES...

M6
FLAVIO
OK VÉRO, T'ES CUISINIÈRE... MAIS TOUS CES COUTEAUX, ÇA FOUT LES JETONS !
CHACUN A SON UTILITÉ...
TU VOIS CETTE LAME SUPER TRANCHANTE, C'EST UN COUTEAU À STEAK...
GLOUPS !
ICI LE COUTEAU À TOMATES ! REGARDE, FINEMENT DENTÉ POUR TRANCHER FRANCHEMENT LA CHAIR !
ELLE FAIT FLIPPER !
LÀ, LE COUTEAU À DÉSOSSER : LE TRANCHELARD...
C'EST UNE PSYCHOPATHE ! TITOUNE SAUVE-MOI !
STÉPHANE A UN PROBLÈME...
COUPEZ !
NON VÉRO, PAS COUPEZ !

LE VISITEUR DOIT TOUT DE SUITE COMPRENDRE LE POTENTIEL DES PIÈCES... CHEZ TOI, C'EST PAS LE CAS.
TON GARAGE, PAR EXEMPLE, IL EST TELLEMENT ENVAHI PAR TA COLLECTION DE BOUTEILLES QUE TU NE PEUX MÊME PLUS Y METTRE TA VOITURE.
MINCE...
UNE PIÈCE = UNE FONCTION. C'EST ESSENTIEL POUR VENDRE !
C'EST POURQUOI, AVEC EMMANUELLE, ON VA SE CHARGER DE LUI RENDRE SON VRAI RÔLE...
SUPER !
PRÊTE EMMANUELLE ?
AU BOULOT, STÉPHANE !
Y'A PAS À DIRE QUEL PROFESSIONNALISME CES DEUX LÀ...
JE VIDE LE CÔTÉ GAUCHE.
ET MOI TOUT LE RESTE !

TU VOULAIS VUE SUR MER, JE T'OFFRE VUE SUR MÈRE. C'EST PAS MAL NON PLUS, NON ?
YOUHOUUU, MAMOUNETTE EST LÀ, MON CHOUCHOU !
À VENDRE
63

VA FALLOIR QUE TU ME FASSES UNE CONFIANCE AVEUGLE, ALORS !?
QUAND MÊME PAS, STÉPHANE !
CETTE VISITE DOIT ME PERMETTRE D'APPRÉCIER LES ESPACES, DE JUGER SI LA MAISON EST COMPATIBLE AVEC MON HANDICAP !
ET SURTOUT, JE VEUX QUE MON CHIEN, HERCULE, VALIDE MON CHOIX.
SI JE COMPRENDS BIEN, C'EST TON CHIEN QUE JE DOIS CONVAINCRE...
ALORS HERCULE ? IL EN PENSE QUOI DE LA NOUVELLE NINICHE À SON PAPA ?
GROUMPH ! ?
BELEUB BELEUB
ET COMMENT JE VAIS SAVOIR QU'ELLE LUI PLAÎT MOI, LA MAISON ?
T'INQUIÈTE...
HERCULE SAURA MARQUER SON TERRITOIRE !
JE VOIS...

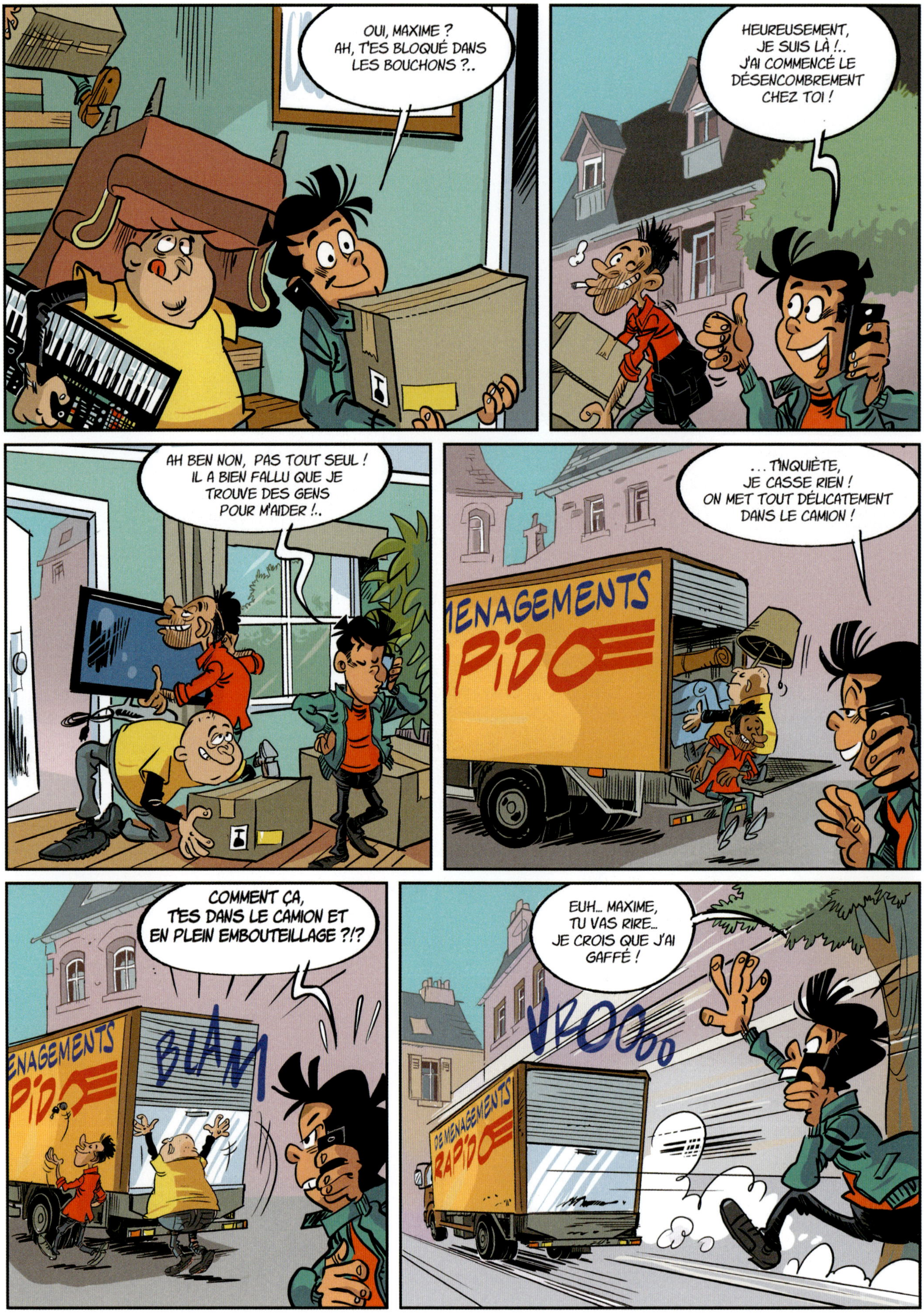
OUI, MAXIME ? AH, T'ES BLOQUÉ DANS LES BOUCHONS ?..
HEUREUSEMENT, JE SUIS LÀ !.. J'AI COMMENCÉ LE DÉSENCOMBREMENT CHEZ TOI !
AH BEN NON, PAS TOUT SEUL ! IL A BIEN FALLU QUE JE TROUVE DES GENS POUR M'AIDER !..
... T'INQUIÈTE, JE CASSE RIEN ! ON MET TOUT DÉLICATEMENT DANS LE CAMION !
MENAGEMENTS
PIDO
COMMENT ÇA, T'ES DANS LE CAMION ET EN PLEIN EMBOUTEILLAGE ?!?
ENAGEMENTS
PIDO
BLAM
EUH... MAXIME, TU VAS RIRE... JE CROIS QUE J'AI GAFFÉ !
VROOooo
DÉMENAGEMENTS
RAPIDO

LE DÉSENCOMBREMENT FINI MAX, ON VA PASSER À LA PHASE 2 DU HOME STAGING: LE NETTOYAGE !
PAF
PAF
PAS TROP TÔT...
PFFF
POUR CELA MA BELLE SOPHIE, DÉCORATRICE D'INTÉRIEUR, VA NOUS AIDER !
B... BONJOUR !
LE NETTOYAGE, ÉTAPE ESSENTIELLE, EST SOUVENT NÉGLIGÉ...
GRAAAAVE ERREUR !
AH OUI ?
BAH OUI, SI TU VENDS TA VOITURE, TU LA LAVES, TU LA POLIS, TU LA BICHONNES, HEIN ?
EXACTEMENT !
C'EST LA MÊME CHOSE POUR UN LOGEMENT, FAUT DÉPOUSSIÉRER, NETTOYER, CIRER.
BREF, PRÉSENTER LE BIEN SOUS SON MEILLEUR JOUR POUR CRÉER LE COUP DE CŒUR...
?!
EXCUSEZ-MOI UNE MINUTE !
TAP
TAP
TAP
LÀ JE COMPRENDS PAS...
MOI SI ! MAX SE MOQUE DES CONSEILS !
JE LES APPLIQUE, AU CONTRAIRE !
FAUT SAVOIR SE VENDRE !
LE TEMPS D'UN PETIT NETTOYAGE...
APPELLE-MOI « MAXILOU » BELLE SOPHIE !

QU'EST-CE QU'ON FAIT POUR CE BIEN SANS TRAVAUX ? ON DÉPOSE UN DOSSIER ?
JE PAS COUP DE CŒUR POUR CUISINE...
ELLE TROP PETITE, JE AVOIR SENSATION ÉTOUFFEMENT.
ÇA PAS GRAVE YAKHA !
SUFFIT ABATTRE MUR PAS PORTEUR POUR FAIRE CUISINE OUVERTE !
BROM
YAKHA FAIRE ÇA OUI...
HUM... DU COUP POELE À BOIS ÊTRE DANS CHEMIN...
J'AI SOLUTION !
J'AI PEUR...
JE LE DÉPLACATIONNE DE QUELQUES MÈTRES...
ET HOP, JE METTRE À PLACE DE BIBLIOTHÈQUE !
POP
PONK
FACTURE POUR HOME STAGING PAYABLE EN ROUBLES, DA ?
SNIF !
NON, TROP DE TRAVAUX STÉPHONOVSKI... NOUS PAS VOULOIR TRAVAUX...

RÉSUMONS: LE DIOCÈSE A DÉCIDÉ DE SE SÉPARER DE CETTE ÉGLISE ET DE CE LOGEMENT.
DEPUIS 2 ANS, OUI...
HABITUÉS À NOUS EN REMETTRE À DIEU, NOUS FAISONS AUJOURD'HUI APPEL À TOI, CELUI DE L'IMMOBILIER...
SNIF
OH J'SUIS PAS UN SAINT, CROIS-MOI !
SOPHIE, ELLE, SAURA DONNER LA TOUCHE DE FÉMINITÉ NÉCESSAIRE À MON LOGEMENT.
C'EST POURTANT PAS LES P'TITES SOURIS QUI MANQUENT ICI !
CES LOGEMENTS DU SEIGNEUR MÉRITENT DE TROUVER UN ACHETEUR...
HUM...
... JE SAIS CE QU'IL FAUT FAIRE !
DÉJÀ ? MIRACLE ET ALLÉLUIA !
DIS AU DIOCÈSE DE NE PAS VENDRE, MAIS DE METTRE EN LOCATION.
P... POURQUOI ?
PARCE QU'ON ACHÈTE PAS LE SEIGNEUR, ON LE LOUE !!
SNIF
WARF
WARF
SAINTE DOUBLE VASQUE PRIEZ POUR LUI...

MAIŜON À VENDRE
PFFF
PFFF
NON AMANDINE, JE NE PENSAIS PAS EXACTEMENT À ÇA QUAND JE DISAIS QU'IL Y A PAS MAL DE RAFRAÎCHISSEMENTS À PRÉVOIR DANS CETTE MAISON !
AH BON ?

MAYDAY !! MAYDAY !!
SNOOPY 1 À LA BASE, JE SUIS TOUCHÉ !!
JE... JE PERDS LE CONTRÔLE !!
RIEN À FAIRE !! JE DOIS ABANDONNER L'APPAREIL !
TU VOIS STÉPHANE, JE PENSAIS QUE TA RÉPUTATION DE GAFFEUR ÉTAIT EXAGÉRÉE, MAIS LÀ...
RÔÔÔH...
BAOOM !
... QU'EST-CE QUE J'Y PEUX MOI, SI CET AVION PASSE JUSTE AU MOMENT OÙ JE FAIS PÉTER LE BOUCHON !?

IL N'EST PAS LÀ, ARNAUD ?
PARTI À CAUSE D'UN MANDAT TRUC BIDULE...
RÔÔH AMANDINE, TU NE SAIS PAS QU'UN MANDAT EST LE CONTRAT PASSÉ ENTRE LE VENDEUR ET L'AGENCE IMMO ?
AH...
T'AS PLUSIEURS TYPES DE MANDATS : « L'EXCLUSIF » OU LE BIEN EST CONFIÉ À UNE SEULE AGENCE... NOTRE CHOUCHOU !
« LE SEMI-EXCLUSIF » : UNE SEULE AGENCE AUSSI, MAIS LE PROPRIO PEUT VENDRE DIRECTEMENT...
ENFIN, LE PLUS BOF « LE MANDAT DE VENTE NON EXCLUSIF » OÙ TU ES EN CONCURRENCE AVEC D'AUTRES AGENCES.
BEURK !
MAIS CONNAISSANT ARNAUD, IL EST PARTI SIGNER UN MANDAT EXCLUSIF...
J'AI BON ?
JE SAIS PAS...
LES POLICIERS VENUS LE CHERCHER ONT JUSTE PARLÉ D'UN MANDAT D'ARRÊT !
AARGLLL !

QU'EST-CE QU'ON TE REPROCHE MON NONO ?
LA COMMISSION SUR LA VENTE DU MANOIR...
MAISON D' ARRÊT
T'AS PAS AGI DANS LES RÈGLES ?
SIII ! J'AI FIXÉ NOS HONORAIRES AVEC LE VENDEUR AVANT LE LANCEMENT DES DÉMARCHES...
ON ÉTAIT À 8% DU PRIX DE VENTE...
PARFAIT, IL EST D'USAGE D'ÊTRE ENTRE 3 ET 10%...
SAUF QUE LE VENDEUR EST JUGE D'INSTRUCTION...
ET ALORS ?
IL REFUSE DE RÉGLER NOS HONORAIRES ET ME GARDE ICI JUSQU'À CE QU'ON Y RENONCE...
QUOI ? PAS QUESTION DE CÉDER !
LA LOI EST LA LOI !!
BON BEN, AU PRIX DU M² DANS LE QUARTIER, JE VAIS ME SATISFAIRE D'ÊTRE LOGÉ GRATOS...

MARIE-AMÉLIE, VOICI EMMANUELLE RIVASSOUX ! SPÉCIALISTE DU HOME STAGING, QUI TRAVAILLE AVEC MOI SUR MES ÉMISSIONS.
ENCHANTÉE !
EMMANUELLE A UN TALENT DINGUE POUR METTRE EN VALEUR ESPACES ET VOLUMES.
RÔÔH... C'EST MON MÉTIER !
J'ÉCLAIRCIS LES ZONES TROP SOMBRES, JE METS UN JOLI TISSU SUR UN CANAPÉ VIEILLOT.
DES PETITES TOUCHES À MOINDRE CÔUT !
LE BUT EST DE MODERNISER...
DONNER L'ENVIE, CRÉER LE COUP DE CŒUR !
EMMANUELLE A CE TALENT RARE DE TIRER LE MEILLEUR PARTI DE L'EXISTANT !
TU VAS ME FAIRE ROUGIR...
EN GROS, C'EST LA MEILLEURE POUR RELANCER L'ATTRAIT D'UN BIEN RESTÉ TROP LONGTEMPS SUR LE MARCHÉ !
MAIS POURQUOI TU ME RACONTES TOUT ÇA ? J'AI PAS BESOIN D'HOME STAGING, MOI !
T'ES SÛRE ?
NON STÉPHANE, EMMANUELLE NE ME HOME STAGÉRA PAS !!
ALLEZ, JUSTE UN PEU !
TA COTE BAISSE SUR LE MARCHÉ DU CÉLIBAT !

25 ANS DE COLLABORATION, ET T'ARRIVES TOUJOURS À ME SURPRENDRE...
AH, TOI AUSSI T'ES ÉTONNÉ ?
C'EST FOU, HEIN ? J'AI TOUT BIEN HOME STAGÉ ET LEUR MAISON NE SE VEND TOUJOURS PAS...
TU PEUX ME DONNER **TA** DÉFINITION DU HOME STAGING ?
AIDER L'ACHETEUR À SE PROJETER, LUI VENDRE DU RÊVE, LUI DONNER ENVIE DE POSER SES VALISES...
«DOUBLE POUCE» COMME DISENT LES ENGLISH !
ALORS ? IL VIENT D'OÙ LE PROBLÈME ?
QUAND IL Y A UN PROBLÈME, ON DIT SOUVENT QU'IL Y A UN GRAIN DE SABLE...
ICI, C'EST PAS UN GRAIN, C'EST CARRÉMENT UNE PLAGE ENTIÈRE !
BEN QUOI ? CETTE NOUVELLE DÉCO RÉPOND PAS À LA DÉFINITION DU HOME STAGING, PEUT-ÊTRE ?

POUR CE BIEN, QUI RÉPOND À TOUS VOS CRITÈRES, ON EST À 5 000 EUROS AU DESSUS DE VOTRE BUDGET...
NON NÉGOCIABLE...
QU'EST-CE QU'ON FAIT ?
À VENDRE
ON PEUT FAIRE DES PHOTOS ?
BIEN SÛR ! SORS TON PETIT APPAREIL ET TIRE CE QUE TU VEUX !
OUI COMME ÇA, PARFAIT !
CLIC!
?!
BIEN, TRÈS BIEN !
CLIC!
BIIIZ!
ALLEZ, UNE PETITE DERNIÈRE !
MERCIII !
CLIC!
LE TEMPS DE TROUVER UN JOURNAL PEOPLE QUI METTE 5 000 EUROS POUR CES CLICHÉS ET ON TE RAPPELLE STÉPHANE !
HI HI HI!

TU VOIS, T'AS MÊME UN BIDET !
J'ADORE LES BIDETS !
MOI J'APPELLE ÇA « UN LAVE-MATOU »
ÇA ÉTÉ INVENTÉ AU XVIIIE POUR LES FEMMES DE PETITES VERTUS !
PCHHH
C'EST SUPER HYGIÉNIQUE !
APRÈS AVOIR BAISSÉ TON PANTALON OU TA JUPE, TU CHEVAUCHES LE BIDET POUR LAVER LE CUCUL...
OU COMME ÇA POUR LAVER LE MATOU...
TU ACTIONNES LE JET...
TU SAVONNES, TU RINCES...
PUIS APRÈS, TU T'ESSUIES ! CAR LE MATOU CRAINT L'EAU, C'EST CONNU !
HÉHÉHÉ !
AH, TU PEUX AUSSI T'EN SERVIR POUR TE LAVER LES PIEDS.
PRATIQUE, HEIN ?
ALORS, CONVAINCUE ?
NON STÉPHANE, CE BIDET NE JUSTIFIE PAS LES 15 000 EUROS AU-DESSUS DE MON BUDGET !
M'ENFIN ! UN BEAU BIDET ÇA N'A PAS DE PRIX !

TOUT LE MONDE KIFFERAIT AVOIR DE L'ATYPIQUE !.. DES VOLUMES DE OUF, DES POUTRES TROP STYLÉES ET TOUT... MAIS AU FINAL, POUR DE VRAI, ON PREND CE QU'ON PEUT, DU FONCTIONNEL... HEIN ? REGARDEZ-VOUS !
#MISKINE !

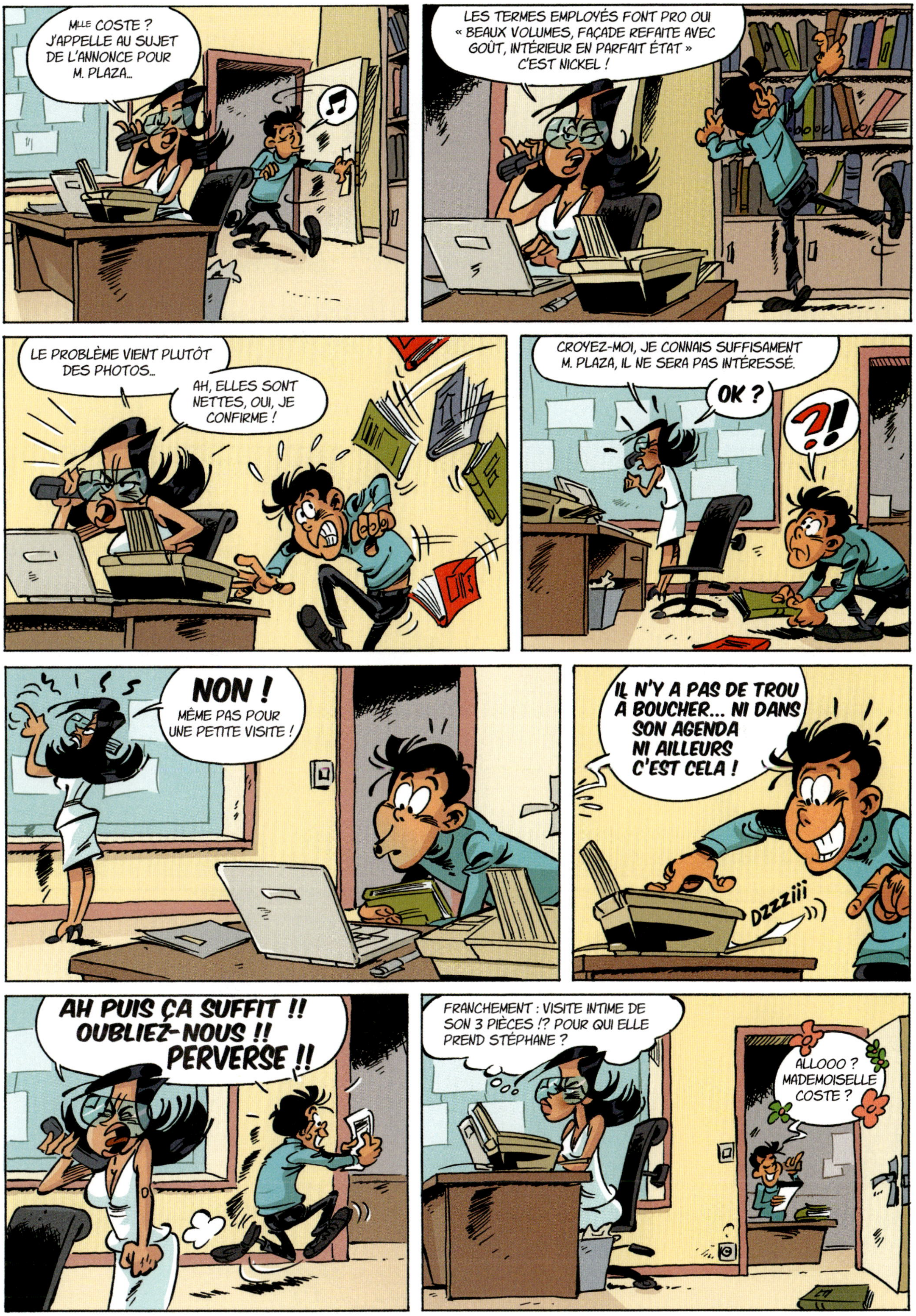
Mlle COSTE ? J'APPELLE AU SUJET DE L'ANNONCE POUR M. PLAZA...
LES TERMES EMPLOYÉS FONT PRO OUI « BEAUX VOLUMES, FAÇADE REFAITE AVEC GOÛT, INTÉRIEUR EN PARFAIT ÉTAT » C'EST NICKEL !
LE PROBLÈME VIENT PLUTÔT DES PHOTOS...
AH, ELLES SONT NETTES, OUI, JE CONFIRME !
CROYEZ-MOI, JE CONNAIS SUFFISAMENT M. PLAZA, IL NE SERA PAS INTÉRESSÉ.
OK ?
?!
NON ! MÊME PAS POUR UNE PETITE VISITE !
IL N'Y A PAS DE TROU À BOUCHER... NI DANS SON AGENDA NI AILLEURS C'EST CELA !
DZZZiii
AH PUIS ÇA SUFFIT !! OUBLIEZ-NOUS !! PERVERSE !!
FRANCHEMENT : VISITE INTIME DE SON 3 PIÈCES !? POUR QUI ELLE PREND STÉPHANE ?
ALLOOO ? MADEMOISELLE COSTE ?

VENDRE OU NE PAS VENDRE...
LÀ EST LA QUESTION.
Y A T'IL POUR L'AGENT IMMOBILIER PLUS DE NOBLESSE À ENDURER CES PROPRIÉTAIRES ENTÊTÉS OU À S'ARMER CONTRE EUX POUR LEUR TROUVER UN TRÈS BON ACHETEUR ?..
ACHETER !
LOUER !
C'EST TOUT !
CALMER ENFIN, DIT-ON DANS LES NÉGOCIATIONS, LES AFFREUX BATTEMENTS DE MON CŒUR DÉFAILLANT...
QUELLE CONCLUSION DE CES CONVERSATIONS SERAIT PLUS DÉVOTEMENT SOUHAITÉE ?
ACHETER, LOUER, LOUER, RÊVER PEUT-ÊTRE, C'EST LÀ LE HIC !..
FAITES PAS ATTENTION, C'EST SA MANIÈRE DE FAIRE LES VISITES QUAND IL RÉVISE POUR LE THÉÂTRE !
À VENDRE

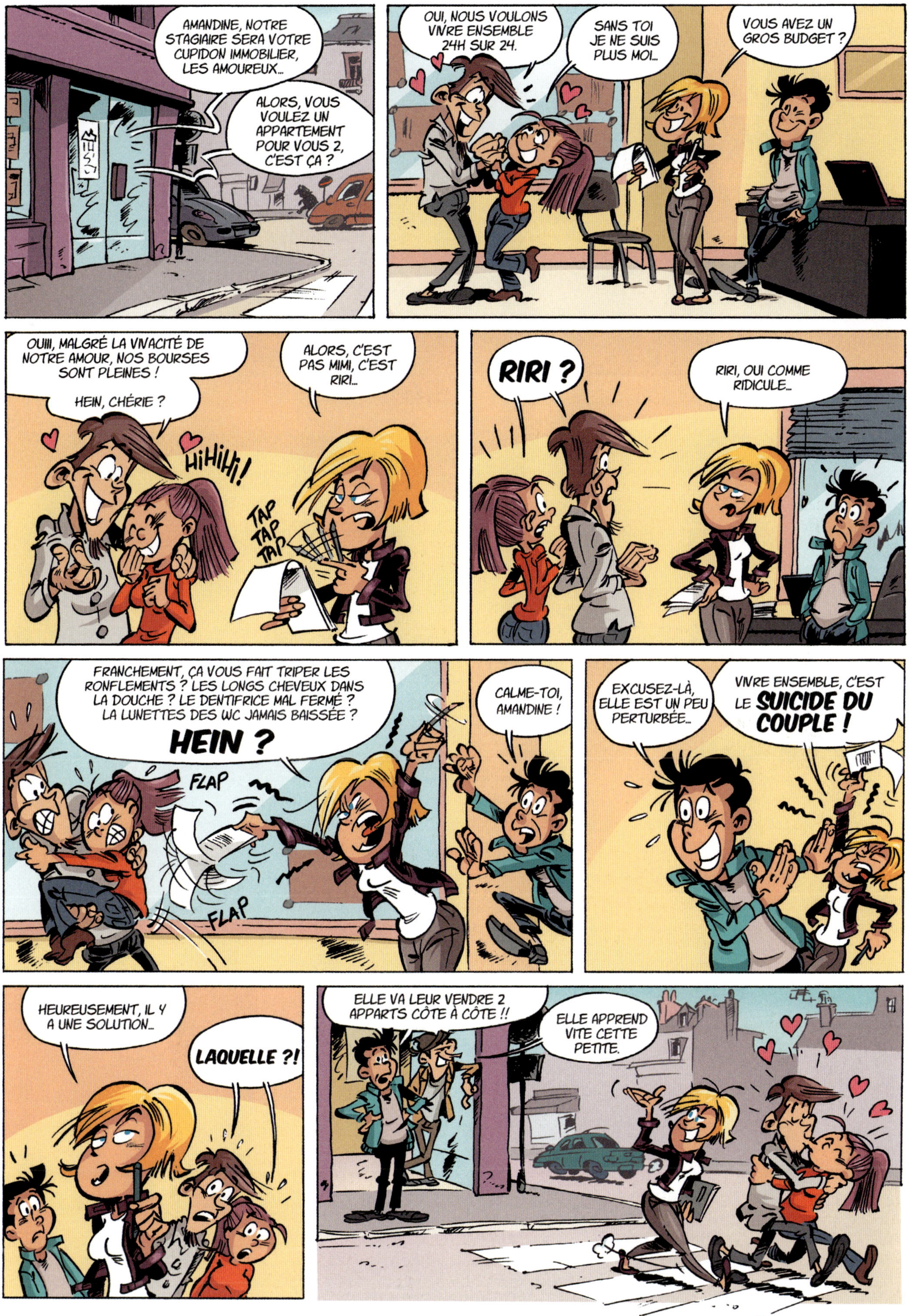
AMANDINE, NOTRE STAGIAIRE SERA VOTRE CUPIDON IMMOBILIER, LES AMOUREUX...
ALORS, VOUS VOULEZ UN APPARTEMENT POUR VOUS 2, C'EST ÇA ?
OUI, NOUS VOULONS VIVRE ENSEMBLE 24H SUR 24.
SANS TOI JE NE SUIS PLUS MOI...
VOUS AVEZ UN GROS BUDGET ?
OUIII, MALGRÉ LA VIVACITÉ DE NOTRE AMOUR, NOS BOURSES SONT PLEINES !
HEIN, CHÉRIE ?
HIHIHI !
ALORS, C'EST PAS MIMI, C'EST RIRI...
TAP TAP TAP
RIRI ?
RIRI, OUI COMME RIDICULE...
FRANCHEMENT, ÇA VOUS FAIT TRIPER LES RONFLEMENTS ? LES LONGS CHEVEUX DANS LA DOUCHE ? LE DENTIFRICE MAL FERMÉ ? LA LUNETTES DES WC JAMAIS BAISSÉE ?
HEIN ?
FLAP
FLAP
CALME-TOI, AMANDINE !
EXCUSEZ-LÀ, ELLE EST UN PEU PERTURBÉE...
VIVRE ENSEMBLE, C'EST LE SUICIDE DU COUPLE !
HEUREUSEMENT, IL Y A UNE SOLUTION...
LAQUELLE ?!
ELLE VA LEUR VENDRE 2 APPARTS CÔTE À CÔTE !!
ELLE APPREND VITE CETTE PETITE.

PLAC !
SMACK !
BISOUS
BISOUS
BISOUS
BISOUS
BEURK !
JE TE FAIS VISITER LA CHAMBRE ?
APRÈS TOI, M. L'AGENT IMMOBILIER...
TU SAIS MARION, QUAND JE DISAIS « FAUT CONCLURE » JE PARLAIS DE LA VENTE !
OUPS !!

JE SUIS SUR PLACE, STÉPHANE, JE VAIS LEUR FAIRE LA VISITE ! NO STRESS !
TOUTE FAÇON, C'EST DES JEUNES, VAUT MIEUX QUE CE SOIT MOI !
À VENDRE
J'DIS PAS QUE T'ES VIEUX, MAIS DISONS QUE T'ES PAS 2.0, QUOI !
ÇA VEUT DIRE QUE T'ES PAS MODERNE !
VENDRE
HEIN ? "Y A UNE MOUCHE DANS LE LAIT" ?
HA ! ÇA VEUT DIRE QU'IL Y A UN PROBLÈME ? JAMAIS ENTENDU, NON...
GRAAAAAVE ! QUAND JE FERME LES YEUX ET QUE TU PARLES, JE VOIS TOUT EN NOIR ET BLANC !
T'ARRIVES POUR FAIRE LA VISITE ET ME PROUVER LE CONTRAIRE ?
BEN, ACTIVE, ILS ARRIVENT !
YO LES D'JEUN'S !
J'ARRIVE AVEC MA MOB POUR VOUS FAIRE LA ZITE-VI !!!
LOURDEUR DE OUF !
VROOO
ALORS, ÇA BOUME ?

SNIF
SNIF
ÇA SENT RUDEMENT BON ICI, JOSIANE !
UN HOMMAGE À TES ORIGINES ITALIENNES, POUR TE REMERCIER.
HOLÀLÀ, DE LA FOCACCIA !?! DES CROSTINIS AU PESTO ?!?
INSTALLE-TOI, J'ARRIVE AVEC LES PLATS !
TORTA PASQUELINA !... ET UNE FRICASSÉE DE CALAMARS À LA MILANAISE FINIT DE CHAUFFER !
T'AS FAIT DES DESSERTS, J'ESPÈRE ?!
PAS GRAND-CHOSE, JUSTE UNE PETITE TARTE À LA RICOTTA, UN TIRAMISU MAISON ET UN PETIT LIMONCELLO POUR FAIRE GLISSER...
BRAVISSIMO ! ÉPOUSE-MOI !!!
J'EN AI POUR DES HEURES, LÀ !!!
PRENDS TON TEMPS, STÉPHANE !..
MIAM
CHOMP CHOMP
MISSION ACCOMPLIE !.. ON PEUT DÉSENCOMBRER SANS DANGER !

TU VOIS ARZOU, J'AURAIS PAS DÛ TE FAIRE VISITER CE BIEN EN MÊME TEMPS QUE QUELQU'UN D'AUTRE.
AH BON ?
SURTOUT AVEC UN PRIMO-ACCÉDANT.
ÇA ÊTRE MALADIE GRAVE ?
ÇA VEUT DIRE QU'IL EST VIERGE DE LA PROPRIÉTÉ... IL CHERCHE À ACHETER UN BIEN POUR LA 1RE FOIS !
LE PRIMO-ACCÉDANT DEMANDE TOUJOURS PLUS DE TEMPS À UN AGENT IMMOBILIER... FAUT LE RASSURER, LE CONSEILLER, LE CHOYER !
C'EST POUR ÇA QUE JE LUI DISAIS QU'IL AVAIT BESOIN D'AIDE POUR SE PROJETER.
MAIS C'EST AU SENS FIGURÉ, TU VOIS ?
ARZOU PROJETER FIGURE DE LUI ET TOUT RESTE POUR AIDER.
À VENDRE

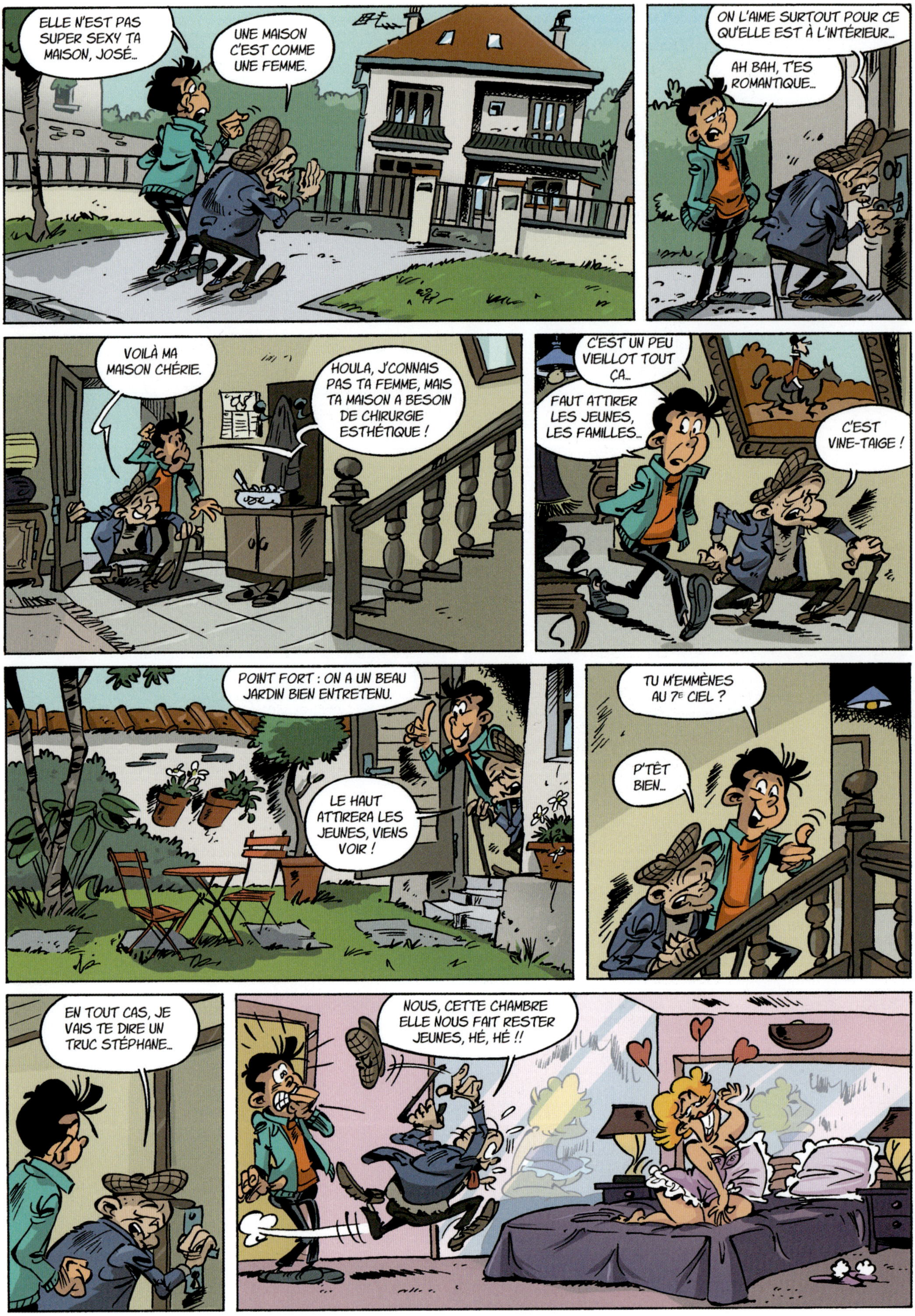
ELLE N'EST PAS SUPER SEXY TA MAISON, JOSÉ...
UNE MAISON C'EST COMME UNE FEMME.
ON L'AIME SURTOUT POUR CE QU'ELLE EST À L'INTÉRIEUR...
AH BAH, T'ES ROMANTIQUE...
VOILÀ MA MAISON CHÉRIE.
HOULA, J'CONNAIS PAS TA FEMME, MAIS TA MAISON A BESOIN DE CHIRURGIE ESTHÉTIQUE !
C'EST UN PEU VIEILLOT TOUT ÇA...
FAUT ATTIRER LES JEUNES, LES FAMILLES...
C'EST VINE-TAIGE !
POINT FORT : ON A UN BEAU JARDIN BIEN ENTRETENU.
LE HAUT ATTIRERA LES JEUNES, VIENS VOIR !
TU M'EMMÈNES AU 7E CIEL ?
P'TÊT BIEN...
EN TOUT CAS, JE VAIS TE DIRE UN TRUC STÉPHANE...
NOUS, CETTE CHAMBRE ELLE NOUS FAIT RESTER JEUNES, HÉ, HÉ !!

PIRATES, AVEC MON ÉQUIPAGE, NOUS VOUS CONVIONS À UNE CHASSE AU TRÉSOR IMMOBILIÈRE...
MA TIMONIÈRE VOUS DISTRIBUE UNE CARTE OÙ VOUS DÉCOUVRIREZ L'EMPLACEMENT DE CE TRÉSOR UNIQUE !
TANDIS QUE MON FIDÈLE LIEUTEANT VOUS DONNE UNE CLÉ... UNE SEULE POURRA OUVRIR LES PORTES DU BONHEUR...
LE GRAND GAGNANT DE CETTE CHASSE AU TRÉSOR IMMOBILIÈRE AURA LA PRIMEUR DE LA VISITE ET 20% DE RÉDUCTION SUR MES FRAIS D'AGENCE... ALORS...
À L'ABORDAGE !!!
SANS FAIRE EXPRÈS, ON MÉLANGE TOUTES LES CLÉS DE L'AGENCE ET T'ARRIVES À TRANSFORMER ÇA EN JEU... RESPECT !
HÉ HÉ J'SUIS UN VIEUX LOUP DE MER !

JE SUIS AGENT IMMOBILIER, MOI, PAS ESCRIMEUR ! HEUREUSEMENT, VOTRE PARQUET CRAINT PAS L'INONDATION, C'EST DU FLOTTANT !
M'ENFIN, STÉPHANE ! SI TU SABRES LE JÉROBOAM AU MILIEU DE LA BOUTEILLE, FORCÉMENT, ÇA COULE PARTOUT !
JE TENTE DE SAUVER LE MAX DE LICHETTES, BIBICHE !
ATTENDEZ-MOI ! J'ARRIVE !!!
LANSON

ARZOU, YAKHA, LES PROPRIÉTAIRES SERONT LÀ... ALORS, PETIT POINT SUR LA VISITE...
A VENDRE
POING ?
MOI DEVOIR FRAPPER ?
NON JUSTEMENT ! SOYEZ MÉGA COOLS ! CE BIEN CORRESPOND À TOUS VOS CRITÈRES...
... ET CROYEZ MOI, AU PRIX OÙ IL EST AFFICHÉ, CE SOIR IL EST VENDU !
D'AILLEURS, 11 VISITES SONT PROGRAMMÉES AUJOURD'HUI...
VOTRE ATTITUDE DOIT DONNER ENVIE AUX PROPRIÉTAIRES DE VENDRE À VOUS ET PAS À UN AUTRE, OK ?
DA !
EN GROS FAUT DRAGUER LES PROPRIOS !
DRÏINN
BISOUS
BISOUS
ALORS, PETIT COQUINOVSKI, APPARTEMENT ÊTRE AUSSI MIGNON QUE TOI ?

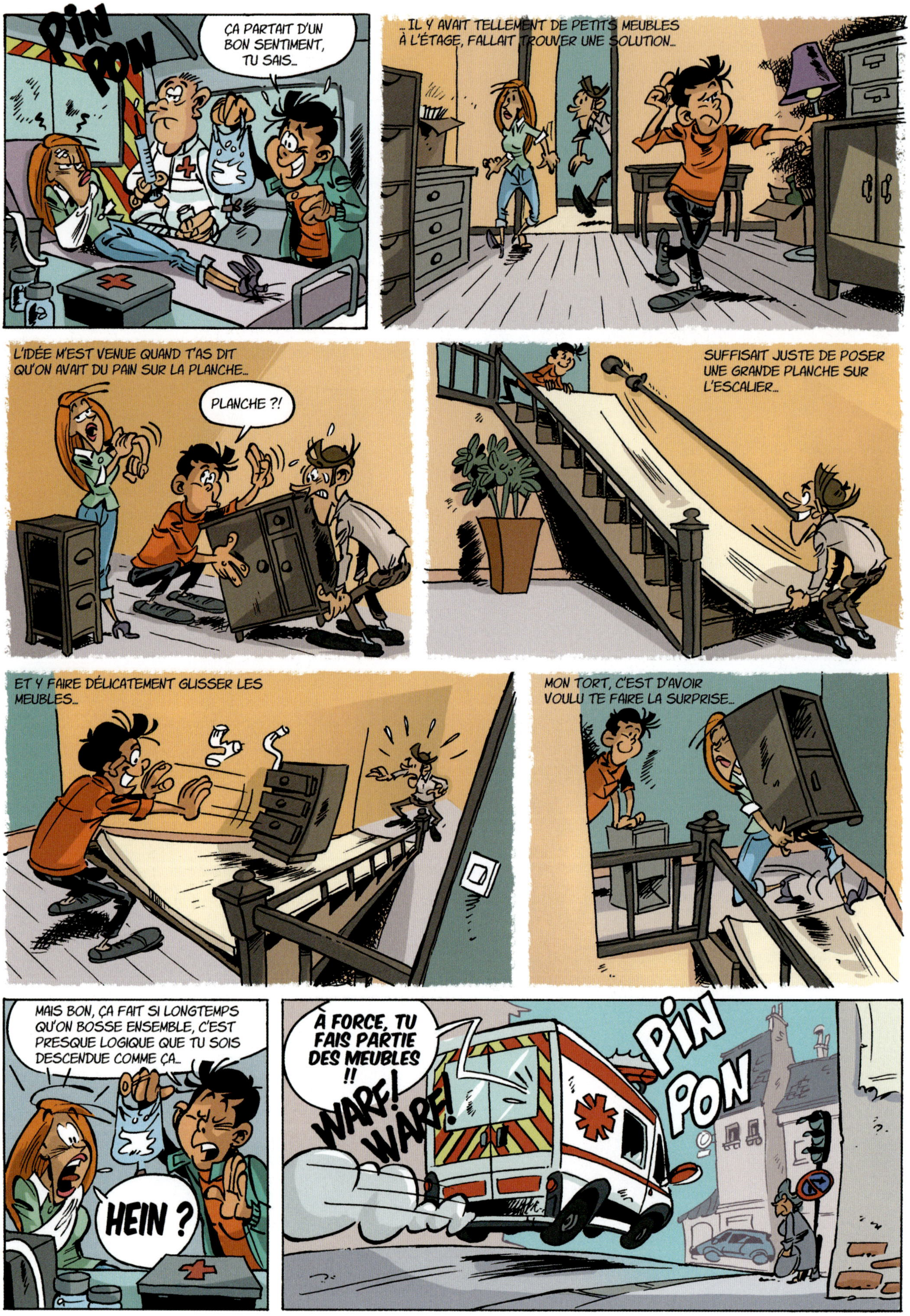

PIN PON
ÇA PARTAIT D'UN BON SENTIMENT, TU SAIS...
... IL Y AVAIT TELLEMENT DE PETITS MEUBLES À L'ÉTAGE, FALLAIT TROUVER UNE SOLUTION...
L'IDÉE M'EST VENUE QUAND T'AS DIT QU'ON AVAIT DU PAIN SUR LA PLANCHE...
PLANCHE ?!
SUFFISAIT JUSTE DE POSER UNE GRANDE PLANCHE SUR L'ESCALIER...
ET Y FAIRE DÉLICATEMENT GLISSER LES MEUBLES...
MON TORT, C'EST D'AVOIR VOULU TE FAIRE LA SURPRISE...
MAIS BON, ÇA FAIT SI LONGTEMPS QU'ON BOSSE ENSEMBLE, C'EST PRESQUE LOGIQUE QUE TU SOIS DESCENDUE COMME ÇA...
HEIN ?
À FORCE, TU FAIS PARTIE DES MEUBLES !!
WARF! WARF!
PIN PON

JE PEUX SAVOIR CE QUE JE FAIS LÀ AU JUSTE ?
NOUS T'AMENER ICI, CAR ÇA ÊTRE EXACTEMENT CE QUE NOUS VOULOIR !
ALORS, ARZOU, YAKHA, OUI IL Y A ICI UNE CHOUETTE TERRASSE ET LA VUE SUR PARIS EST IMPRENABLE...
MAIS IL Y A UN DÉTAIL QUI VOUS ÉCHAPPE : LA TOUR EIFFEL N'EST PAS À VENDRE !
TOUT S'ACHÈTE STÉPHANOVSKI, TOUT S'ACHÈTE !

ELLE TE PLAÎT PAS LA MAISON QU'ARNAUD VOUS A FAIT VISITER À TOI ET TES PARENTS ?
J'SUIS PAS UN AMATEUR, STÉPHANE...
TIP TIP TIP
MA PRÉTENDUE CHAMBRE N'EN EST PAS UNE PUISQU'ELLE FAIT 8,25M^2.
AH ! BAH OUI, FAUT MINI 9M^2.
ENSUITE, ARNAUD DIT 110 M^2 DE SURFACE HABILITABLE MAIS IL OUBLIE LES PIÈCES MANSARDÉES ET LA LOI CARREZ...
BAH ALORS Y'A UNE MOUCHE DANS LE LAIT LÀ NONO !
TU SAIS BIEN QU'IL NE FAUT PAS COMPTER LA SURFACE AU SOL LÀ OÙ LE PLAFOND EST À MOINS DE 1M80.
DU COUP ON PERD FACILE 4M^2 !
ET EN PLUS, IL A COMPTÉ LE BALCON COMME SURFACE HABITABLE, ALORS ON OUBLIE CETTE MAISON ET ON SE RECONCENTRE...
HOP, VISITE SUIVANTE !
IL SUIT TOUTES VOS ÉMISSIONS...
LE BRAVE PETIT !

STÉPHANE, VOICI CÉLINE VASQUE, POUR QUI TU VAS CHERCHER UN APPART' LORS DE LA PROCHAINE ÉMISSION !..
BONJOUR !
JE SUIS SUPER CONTENTE ! AVEC VOUS, NOTRE RECHERCHE EST ENTRE DE BONNES MAINS !
?
JE ME SUIS PERMIS DE NOTER QUELQUES CRITÈRES POUR NOTRE FUTUR "CHEZ NOUS" IDÉAL !
TU... TU ES MARIÉE ?!?
NON ! CÉLIBATAIRE ! MAIS JE NE L'ACHÈTE PAS SEULE !
C'EST UN PROJET COMMUN AVEC MÉLANIE, MA SŒUR !..
HELLO !
DOUBLE VASQUE ! HAHA !!!
ÇA ME REND DINGUE, LES DOUBLES VASQUES !!!

OUI MANU, LEUR MAISON EST VENDUE... ILS SIGNENT LÀ...
TU PRÉVIENS SOPHIE ?
C'EST QUI MANU ?
EMMANUELLE RIVASSOUX, ÇA LUI TENAIT VACHEMENT À CŒUR QUE JE VENDE VOTRE MAISON !
SNIF
C'EST PAREIL POUR MOI ET TOUTE L'ÉQUIPE, VOUS SAVEZ... QUAND ON VEND C'EST TOUJOURS LA MÊME ÉMOTION QUI NOUS ÉTREINT...
HÉ BEN, ON PENSAIT PAS QUE VOUS ÉTIEZ TOUS AUSSI MOTIVÉS !
C'EST QU'ON AIME CE QU'ON FAIT, VOUS SAVEZ !
ET ON EST SURTOUT DOUBLEMENT HEUREUX QUAND C'EST LA FIN DE TOURNAGE ET QUE L'ON A VENDU...
ÇA Y EST, ELLES ARRIVENT !
PARCE QUE ÇA FAIT 2 FOIS PLUS DE RAISONS D'ARROSER ÇA ! HEIN, RIVASSOUX ! I LOVE YOU !

A VENDRE

FIN

AARGLL!